Les chemins de fer de transport de courrier sous-payés

Comité sur la paie du courrier ferroviaire

Writat

Cette édition parue en 2023

ISBN : 9789358812701

Publié par
Writat
email : info@writat.com

Les chemins de fer de transport de courrier sous-payés

Une déclaration du Comité sur le paiement du courrier ferroviaire représentant 214 275 milles de chemin de fer aux États-Unis, exploités par 268 sociétés, contenant des faits et des chiffres qui prouvent que le paiement du courrier ferroviaire n'est pas égal aux dépenses d'exploitation qu'il rend nécessaires, ne laissant rien pour retour sur La valeur de la propriété.

I. PORTÉE DE CE DÉpliant.

Le Comité sur les salaires du courrier ferroviaire, représentant les chemins de fer dont les lignes comprennent quatre-vingt-douze pour cent. de la longueur totale de toutes les routes ferroviaires aux États-Unis, estime que les paiements aux chemins de fer pour les services et les installations qu'ils fournissent au ministère des Postes sont, et ont été pendant longtemps, injustement bas. Cette brochure contient un exposé concis des faits qui prouvent que cette croyance est justifiée et, accessoirement, une réfutation des estimations faites par le ministre des Postes et rapportées au Congrès (Document de la Chambre n° 105, soixante-deuxième Congrès, premier session), ce qui l'a amené à conclure que la base de paiement pourrait désormais être modifiée de manière à parvenir à une réduction actuelle d'environ vingt pour cent. On montrera que, même si les données insuffisantes et les méthodes erronées employées par le ministre des Postes l'ont amené à faire des estimations des coûts pour les chemins de fer bien inférieures au coût réel, ses propres chiffres et calculs, lorsqu'ils sont correctement analysés et complétés, démontrent que le service postal n'a pas été assez rémunérateur pour les chemins de fer.

Avant de procéder à cette démonstration , il convient cependant de noter que :

II. LA RÉMUNÉRATION DU COURRIER FERROVIAIRE EST SUR LE POINT D'ÊTRE FORCÉE ENCORE AU-DESSOUS DU NIVEAU DE LA JUSTE COMPENSATION, À MOINS QUE LES PAIEMENTS NE SOIENT RAPIDEMENT RÉAJUSTÉS, EN RAISON DU VOLUME SUPPLÉMENTAIRE DE COURRIER QUI RÉSULTERA DE L'INAUGURATION, LE 1ER JANVIER 1913, DU COLIS POSTES.

Le Congrès a prévu une extension vaste et incalculable du trafic postal en créant un "Colis Post", qui sera inauguré le 1er janvier 1913, qui, en ouvrant les courriers à de nombreux articles non acceptés auparavant dans les bureaux de poste et en réduisant considérablement les tarifs appliqués aux marchandises postées devraient augmenter considérablement le volume des expéditions qu'il couvre. Le gouvernement semble avoir supposé que, en vertu des contrats existants, qui ont été conclus avant que le sens du mot « courrier » ne soit ainsi élargi, les chemins de fer peuvent être obligés, jusqu'à l'expiration de ces contrats, à transporter ce grand volume supplémentaire de trafic postal SANS AUCUNE RÉMUNÉRATION QUELLE QUE CE SOIT. Si l'on suit l'ancienne pratique du Département des Postes, aucun nouveau contrat ne sera conclu avant les prochaines pesées quadriennales dans chacune des quatre sections de pesée, de sorte que la position du gouvernement revient à affirmer que tout le volume ajouté du Les courriers de colis postaux devront être transportés sans aucune compensation par les chemins de fer de la Nouvelle-Angleterre pendant quatre ans et six mois (ces chemins de fer sont dans la première section de pesée mais la pesée pour l'ajustement à effectuer le 1er juillet 1913 a commencé et sera achevé avant l'inauguration du Colis Post), par ceux de la deuxième section de pesée pendant trois ans et six mois, par ceux de la troisième section de pesée pendant deux ans et six mois, par ceux de la quatrième section de pesée pendant un an et six mois, et par ceux de la première section de pesée, non située en Nouvelle-Angleterre, pendant six mois. Aucune présentation de l'injustice des salaires postaux perçus dans les années précédentes ne permet de deviner, ne serait-ce qu'approximativement, l'ampleur des pertes que les chemins de fer subiront ainsi au cours des quatre années et demie à venir, à moins que des réajustements ne soient rapidement effectués en faveur du Colis Post.

III. L'affirmation erronée du maître des postes selon laquelle les chemins de fer ont été trop payés "environ 9 000 000,00 $" au cours de l'année 1909 repose principalement sur son adoption d'une théorie sans précédent qui ne permet rien pour un retour sur le capital investi dans la propriété ferroviaire.

Le ministre des Postes supposait que les chemins de fer seraient correctement indemnisés s'ils recevaient une somme égale aux dépenses d'exploitation et aux taxes attribuables au transport du courrier majorées de six pour cent. de la somme de ces dépenses et taxes. Le calcul par lequel il a obtenu la somme qui, selon lui, aurait constitué une compensation adéquate pour le seul mois couvert par son enquête était le suivant :

Son estimation des dépenses de fonctionnement et des taxes au titre du service postal (Document n° 105, p. 280) pour un mois	2 676 503,75 $
Six pour cent. d'en haut	160 590,22
	————
Total, supposé représenter juste une compensation pour un mois	2 837 093,97 $

Les chemins de fer ayant reçu, pour le mois choisi, $770,679.16 en excédent de la somme résultant du calcul ci-dessus, le ministre des Postes a supposé que cet excédent sur les dépenses et taxes majoré de six pour cent. constituait un profit excessif pour ce mois. Il a multiplié cet excédent supposé par douze pour obtenir son estimation de l'excédent annuel et a indiqué le résultat, en chiffres ronds, à « environ 9 000 000 $ ».

Le simple énoncé de cette méthode révèle le fait qu'elle ne tient compte d'aucun rendement sur la juste valeur des biens ferroviaires employés au service du public. Cette omission suffit, à elle seule, à détruire totalement la conclusion du ministre des Postes. Tout le monde reconnaît qu'un chemin de fer a droit à au moins un rendement raisonnable sur la valeur de ses biens consacrés au service public. Le ministre des Postes a ignoré ce principe universellement accepté et a adopté une théorie qui, si elle était appliquée aux activités générales des compagnies, entraînerait immédiatement et désespérément la quasi-totalité des chemins de fer des États-Unis. Le rapport récemment publié de l'Interstate Commerce Commission sur les statistiques ferroviaires de l'année se terminant le 30 juin 1910 contient des données par lesquelles cette affirmation est facilement démontrée, comme suit :

Dépenses d'exploitation de tous les chemins de fer des États-Unis, pour l'année   1 822 630 433 $

Taxes de tous les chemins de fer des États-Unis, pour l'année   103 795 701

____

—

Total   1 926 426 134 $

Six pour cent. du total supérieur   115 585 568

____

—

Recettes brutes totales autorisées par le plan du ministre des Postes   2 042 011 702 $

Mais si ce plan avait été en vigueur, les chemins de fer auraient eu, pour les intérêts des obligations hypothécaires, un surplus raisonnable comme marge de sécurité, des dividendes sur les actions, des améliorations permanentes non rentables mais nécessaires, [A] des loyers des propriétés louées › etc. , etc., seulement les six pour cent. ou 115 585 568 $. Ce chiffre peut être comparé, entre autres, aux suivants :

Obligations d'intérêts (sur la dette financée uniquement) de tous les chemins de fer des États-Unis, pour la même année   370 092 222 $

Locations de propriétés louées, toutes les chemins de fer des États-Unis, pour la même année   133 881 409 $

De toute évidence, la proposition du ministre des Postes équivaut à une affirmation selon laquelle les chemins de fer réaliseraient un bénéfice équitable s'ils étaient en mesure de percevoir la somme de 115 585 568 dollars en plus de leurs dépenses d'exploitation et de leurs impôts, mais les chiffres fournis par l'Interstate Commerce Commission montrent que cela représenterait moins d'un tiers de la somme nécessaire pour faire face aux charges d'intérêts qui doivent être payées afin d'empêcher les saisies hypothécaires et, si les intérêts des obligations pouvaient être ignorés, est bien inférieur aux loyers qui devraient être payés si les systèmes existants ne doivent pas être brisés. Et, bien sûr, cela n'autoriserait aucune demande légitime de revenus sous forme de dividendes, d'améliorations permanentes ou d'excédents.

Il est inutile de s'attarder sur les conséquences d'une telle théorie de «
compensation » sur le crédit ferroviaire et sur l'intérêt public dans un service
de transport efficace, sans parler des conséquences pour les propriétaires
d'actions et d'obligations ferroviaires. Une telle théorie n'est pas une théorie
de la compensation, c'est une théorie de l'oppression et de la destruction.

Le fait que le ministre des Postes ait jugé nécessaire de justifier son attaque
contre la base actuelle de la rémunération du courrier ferroviaire par une
théorie si sans précédent et si injustifiée en principe et en droit, soulève une
forte présomption contre toutes ses opinions et conclusions sur ce sujet. .

IV. LE SERVICE DE COURRIER FOURNI PAR LES CHEMINS DE FER LEUR COÛTE PLUS EN FRAIS D'EXPLOITATION ET EN TAXES QUE CE QU'ILS ONT PAYÉ POUR CELA, ET NE LAISSE RIEN POUR LE RETOUR SUR LA PROPRIÉTÉ.

On ne saurait trop insister sur le fait que la rémunération du courrier ferroviaire est actuellement insuffisante pour payer ne serait-ce que sa juste part des frais d'exploitation et des impôts et ne produit aucun rendement sur la propriété. Cela sera démontré par toute enquête équitable, comme nous allons le montrer maintenant. Les rapports soumis au ministre des Postes par les chemins de fer exploitant 2 411 routes postales, d'une longueur totale de 178 710 milles, montraient que leurs recettes brutes, par wagon-pied-mile [B], provenant des services rendus sur les trains de voyageurs en novembre 1909, ^{étaient} aussi suit :

Du courrier   3,23 moulins

D'autres services 4,35 moulins

ainsi que l'espace nécessaire au courrier dans les trains de voyageurs est proportionnellement moins des trois quarts aussi productif que celui consacré aux voyageurs, aux express, au lait, aux excédents de bagages, etc., etc. Comme c'est l'opinion générale des gestionnaires ferroviaires, dont la conclusion à cet égard a rarement, voire jamais, été contestée, selon laquelle les services de trains de voyageurs, dans leur ensemble, ne génèrent pas de revenus suffisants pour couvrir leur juste part des coûts d'exploitation et le retour sur investissement nécessaire, et ne sont donc pas raisonnablement compensatoires, il est évident que le service du courrier, dont le salaire est supérieur à vingt-cinq pour cent. inférieure à la moyenne des autres services rendus sur les mêmes trains, doit rapporter bien moins qu'une compensation raisonnable. Il est certain que les revenus des chemins de fer dans leur ensemble ne pourraient pas être réduits de vingt-cinq pour cent. sans détruire tous les revenus de la propriété. Si tel est le cas, il doit être vrai qu'il ne peut y avoir aucune compensation avec un taux de rémunération postale de vingt-cinq pour cent. inférieur au taux de rémunération du trafic passagers qui, comme indiqué ci-dessus, est relativement peu rentable.

Cependant, une simple comparaison statistique ne peut révéler toute l'histoire, car les chemins de fer sont tenus de fournir de nombreuses installations accessoires et de fournir de nombreux services supplémentaires au ministère des Postes, ce qui rend le service du courrier exceptionnellement pénible et coûteux. Ces services supplémentaires comprennent l'appel et la livraison du courrier dans une grande partie des bureaux de poste situés dans les villes ferroviaires ; fourniture d'éclairage, de chauffage et d'eau dans les locaux des gares ferroviaires à l'usage des commis au courrier ; placer des wagons dûment éclairés et chauffés sur les voies de la gare pour une distribution préalable, souvent plusieurs heures avant le départ des trains ; transportant des officiers et des agents du ministère des Postes comme passagers mais sans compensation à hauteur de plus de 50 000 000 de passagers-miles par an (ceci étant bien entendu en plus des commis aux courriers ferroviaires en service), etc., etc. Extraits du Les « Lois et réglementations postales » définissant et exigeant ces services sont données à l' <u>Annexe A.</u> Personne ne peut examiner cette annexe sans être convaincu que le service postal est le plus exigeant parmi tous ceux rendus par les chemins de fer américains.

L'équité de la rémunération du courrier ferroviaire peut également être testée en répartissant les dépenses d'exploitation entre le trafic de passagers et de marchandises, puis en effectuant une répartition secondaire des dépenses de passagers entre le courrier et les autres types de trafic transporté par les trains de voyageurs. Cette méthode consiste à imputer directement à chaque sorte de trafic toutes les dépenses qui s'y rapportent exclusivement et à répartir, sur une base équitable, les dépenses qui sont communes à plus d'une sorte de trafic.

Conformément à la demande du ministre des Postes, les chemins de fer ont estimé le coût du service postal de la manière qui vient d'être expliquée et ont communiqué les résultats au ministre des Postes. Après avoir imputé à chaque service les dépenses qui lui étaient entièrement dues, ils répartirent les dépenses communes entre les services voyageurs et marchandises, en suivant (sauf exceptions sans conséquence) la méthode la plus généralement employée à cet effet, à savoir la répartition de ces dépenses dans les proportions du kilométrage des trains payants de chaque service. Après avoir ainsi estimé les dépenses d'exploitation attribuables aux trains de voyageurs, les chemins de fer ont attribué aux dépêches la partie de cet agrégat indiquée par la proportion de l'espace total des trains de voyageurs requis pour les dépêches. En utilisant cette méthode, 186 chemins de fer, exploitant 2 370 routes postales, d'une longueur totale de 176 716 milles, ont constaté et rapporté que pour novembre 1909, les dépenses d'exploitation (taxes non comprises) pour assurer le service postal s'élevaient à 4 009 184 $. Le ministre des Postes déclare (document n° 105, page 281) que tous les chemins de fer représentés dans ce qui précède, et suffisamment d'autres pour augmenter le kilométrage représenté à 194,978 milles, n'ont été payés pour le même mois que 3,607,773,13 $. Il apparaît donc que le salaire était bien inférieur aux dépenses de fonctionnement, sans tenir compte des impôts ni du rendement de la juste valeur des biens employés.

Bien que différentes méthodes soient utilisées pour déterminer le coût du service ferroviaire de voyageurs et que les résultats produits par ces méthodes puissent montrer des variations considérables, la rémunération du courrier est pourtant bien inférieure à une compensation raisonnable, du point de vue du coût du service et du retour sur investissement. la valeur de la propriété, qu'aucune méthode ne peut être raisonnablement préconisée qui ne démontrerait le caractère non compensatoire de l'actuelle indemnité postale. Ceci est illustré par la méthode employée par le ministre des Postes lui-même, car le caractère de cette méthode est tel qu'elle produit nécessairement l'estimation la plus basse du coût du service de train de voyageurs.

Le ministre des Postes, par sa méthode de répartition, est arrivé à un coût de	2 676 503,75 $
Mais celui-ci doit être augmenté (comme nous le montrerons ci-dessous, en raison de sa répartition erronée de l'espace automobile (page 10), en	800 802,00
Et aussi en raison de son refus de céder les dépenses directement engagées dans le service du courrier (page 12)	401 126,00 [C]
Total, selon la méthode de répartition des coûts entre le trafic de passagers et le trafic de marchandises du ministère des Postes	3 878 431,75 $

Ainsi, même la méthode utilisée par le ministre des Postes pour répartir les coûts entre le trafic de marchandises et celui de passagers produit un coût d'exploitation supérieur au salaire total reçu par les chemins de fer, ne laissant rien du tout pour le retour sur la juste valeur de la propriété ou pour des améliorations nécessaires mais non génératrices de revenus. .

Aucune de ces estimations de coûts ne tient compte du grand volume de transport gratuit fourni aux agents et agents du ministère des Postes, lorsqu'ils ne sont pas chargés du courrier, bien que cela représente plus de 50 000 000 de passagers-milles par an et, à le faible taux moyen de deux cents par mile coûterait au ministère des Postes plus de 1 000 000 $ par an.

De plus, comme nous le verrons ci-après (pages 13-14), tous les chiffres discutés ici concernent le mois de novembre, mois qui, en raison du rapport anormalement bas entre le trafic de voyageurs et le trafic de marchandises, sous-estime considérablement le coût du train de voyageurs. services, lorsque les chiffres qui en découlent sont appliqués à une année entière.

Il devient donc évident que toute enquête prenant en considération les éléments nécessaires de la situation démontrera que la rémunération du courrier ferroviaire est trop faible. Ce n'est qu'en ignorant les éléments essentiels du service et de la dépense ainsi que l'élément fondamental du rendement de la valeur de la propriété que l'on peut construire un argument contraire.

Le trafic postal ne paie donc pas son coût d'exploitation. Ce trafic représente un pourcentage substantiel du service public total assuré par les chemins de fer. Elle devrait contribuer dans une proportion substantielle aux impôts que les chemins de fer doivent payer et aux revenus de la propriété ferroviaire que ses propriétaires ont le droit de percevoir. Il est évident qu'il est impossible de concevoir une méthode équitable qui ne permettrait pas de démontrer que la rémunération postale actuelle est bien inférieure à une base équitablement compensatoire. Il ne faudrait certainement pas aggraver cette situation en y ajoutant l'injustice de réductions supplémentaires. Au contraire, les réductions injustes de ces dernières années devraient être corrigées pour l'avenir, et les chemins de fer devraient être soulagés des méthodes manifestement injustes par lesquelles ils sont actuellement privés de tout ce qui s'approche d'une compensation équitable.

V. LA RÉPARTITION DE L'ESPACE PAR LE MAÎTRE GÉNÉRAL DES POSTES ENTRE LE SERVICE DU COURRIER ET LES AUTRES SERVICES RENDUS SUR LES TRAINS DE VOYAGEURS N'A PAS LAISSÉ AUX COURRIERS L'ESPACE DONT ILS ONT RÉELLEMENT BESOIN ET UTILISENT ET CELA A EU POUR RÉSULTAT DE RÉDUIRE INDULEMENT SES ESTIMATIONS DU COÛT POUR LE CHEMINS DE FER DU SERVICE DE COURRIER.

Une référence détaillée sera maintenant faite aux méthodes et à l'effet de contrôle de la répartition par le ministre des Postes de l'espace des trains de voyageurs entre le courrier et les autres services rendus à bord des trains de voyageurs. Une telle répartition était une étape nécessaire dans les calculs rapportés dans le document n° 105. Après avoir obtenu certaines estimations du coût des services de trains de voyageurs, considérées ensemble, par méthodes, produisant les résultats les plus bas, l'étape suivante présentée dans le document n° 105 était de répartir une partie de ce coût au service du courrier. La méthode acceptée pour une telle répartition consiste à répartir le coût total proportionnellement à l'espace ferroviaire requis par chacun des services respectifs. Le ministre des Postes a obtenu des chemins de fer des relevés qu'il aurait pu utiliser pour appliquer cette méthode et ces relevés ont montré que 9,32 pour cent. de l'espace total dans les trains de voyageurs était nécessaire au service postal, mais, au lieu d'utiliser les données démontrant ce fait, il a substitué des chiffres de son cru qui réduisaient l'espace crédité au service postal à 7,16 pour cent. du total. Le total des coûts des trains de voyageurs que le ministre des Postes a estimé devoir répartir entre les passagers, les express et le courrier, sur la base de l'espace occupé, était de 37 074 172 $. [D] Il a donc attribué au service postal 7,16 pour cent. de cette dernière somme soit 2 654 510,69$. Toutefois, s'il avait utilisé la proportion d'espace, 9,32 pour cent, résultant des rapports qu'il avait obtenus des chemins de fer, le montant réparti comme coût du service postal pour le mois aurait été de 800,802 $ plus élevé. En multipliant ce montant par douze, on obtient une augmentation du coût annuel estimé de plus de 9 600 000 $.

Ainsi, le ministre des Postes est arrivé à sa déclaration selon laquelle les chemins de fer obtenaient un bénéfice excédentaire de 9 000 000 $ au moyen de deux erreurs fondamentales, omettant pour le moment de faire référence à toute autre erreur. Il a sous-estimé les dépenses annuelles de courrier et les taxes des chemins de fer d'au moins 9 600 000 $, et il a complètement ignoré le rendement nécessaire de la valeur des propriétés ferroviaires.

Cet examen de ses méthodes montre que la détermination de l'espace était d'une importance primordiale et déterminante et que les changements dans la répartition de l'espace ont détruit la valeur de ses déductions. Ces changements étaient dus à son refus d'attribuer au service postal l'espace de travail et les espaces temporairement inoccupés à bord des trains, qui étaient nécessaires au service postal et au fait qu'il assignait en fait une grande partie de cet espace au service voyageurs rendu sur les mêmes trains.

Il est à peine besoin de noter que tous les types de trafic nécessitent un « espace de travail » en plus de l'espace effectivement occupé par le trafic lui-même, et que cela est particulièrement vrai du trafic postal, ou celui où il y a un mouvement prépondérant d'un certain trafic dans un sens, il doit y avoir un espace vide en raison de ce trafic, parfois appelé espace « mort », dans les trains circulant dans le sens d'un trafic plus léger. Ainsi , les voitures de voyageurs doivent avoir des allées, des vestibules et des quais, et les voitures postales doivent disposer d'un espace important pour trier le courrier tandis que, pour le courrier transporté dans des fourgons à bagages, il doit y avoir un espace pour atteindre les valises et recevoir et livrez-les à travers les portes. Un train direct doit également avoir la pleine capacité requise pour le trafic maximum de toute sorte susceptible de chercher un hébergement sur n'importe quelle partie de son voyage, bien que pendant une grande partie de chaque voyage, le trafic réel puisse être considérablement inférieur à cette limite. Le ministre des Postes, cependant, a refusé de créditer le service postal d'une grande partie de l'espace ainsi requis par le ministère, bien que ses chiffres pour les autres services de trains de voyageurs tiennent pleinement compte de tout l'espace dont ils avaient besoin. En fait, dans de nombreux cas, cet espace, effectivement requis par le courrier et signalé par les chemins de fer, a été retiré de l'espace postal total et, sans raison, affecté au service voyageurs. Ces modifications des données correctement rapportées, non susceptibles d'être justifiées par un principe de transport solide, ont été poussées si loin que les tableaux du Département des Postes, qui sont établis pour les itinéraires de courrier ferroviaire ayant une longueur totale de 194 977,55 milles [E], montrent seulement 926 164 459 « milles-pieds-voiture » ont été réalisés dans le service postal, bien que certains chemins de fer, inclus dans ce service, et ayant des itinéraires de courrier ferroviaire totalisant seulement 178 709,96 milles, aient correctement déclaré un espace postal équivalent à 1 153 110 245 « milles-pieds-voiture ». Ainsi, bien que les chiffres du Département couvrent 8,3 pour cent. plus de kilométrage, ses réductions d'espace ont eu pour résultat d'attribuer à ce kilométrage plus important environ un quart (24,5 pour cent) d'espace de courrier en moins. Dans le même temps, le ministère a effectivement augmenté l'espace attribué aux autres services de trains de voyageurs, ses chiffres faisant état de 12 014 065 506 milles-car-pieds dans ces services pour 194 977,55 milles d'itinéraires postaux, ce qui doit être comparé aux 11 222 478 739 milles-car-pieds déclarés par les chemins de fer pour 178 709,96 milles de courrier.

Ce traitement des chiffres de contrôle quant à l'espace, complétant les autres erreurs de méthode et omissions de fait, qui ont été ou seront citées, a suffi amplement pour transformer une perte réelle en un profit apparent.

VI. LE MAÎTRE GÉNÉRAL DES POSTES A IGNORÉ LES DONNÉES QU'IL AVAIT OBTENUES, MONTRANT LES DÉPENSES EN RAISON DES COURRIERS LARGEMENT DÉPASSANTES DES DÉPENSES DIRECTES POUR CE SERVICE QU'IL A RAPPORTÉ.

Dans le cadre de l'enquête rapportée dans le document n° 105, le ministre des Postes a obtenu des chemins de fer des relevés indiquant les sommes dépensées par eux pour les services de gare et de terminal requis par son ministère et le montant des transports gratuits fournis sur sa réquisition pour les officiers et agents du service postal lorsqu'ils ne sont pas en charge du courrier. Ces données n'ont pas été utilisées (Document N° 105, p. 6) et, comme aucune allocation adéquate n'a été faite d'une autre manière pour ces dépenses, cette omission a injustement réduit les estimations du coût pour les chemins de fer de leurs services postaux. L'explication du ministre des Postes sur cette omission implique qu'elle a été partiellement compensée par l'affectation comme coût du service postal de sa proportion, sur la base de l'espace, de toutes les dépenses des gares et des terminaux des services de trains de voyageurs, mais ces dépenses spéciales de courrier sont disproportionnées. lourd et le montant ainsi attribué était bien trop faible. Les dépenses pour les services de gare et de terminal spécialement engagées pour le courrier, au cours du mois de novembre 1909, et rapportées au ministre des Postes, à hauteur de quatre-vingt-douze pour cent. du kilométrage couvert par le document n° 105 totalisait 401 136,00 $, comme suit :

Montant des salaires versés aux messagers et porteurs occupés exclusivement à la manutention du courrier	79 980,84 $
Part dûment imputable au service du courrier, au prorata du temps effectif employé, des salaires versés aux employés de gare dont une partie du temps est consacrée au traitement du courrier	198 927,01
Montant dépensé pour l'entretien des chevaux et des chariots et pour le transport des ferries, etc., en relation avec le service postal	5 640,98
Valeur locative, majorée du coût mensuel moyen de l'éclairage et du chauffage, du ou des locaux réservés à l'usage exclusif du service postal	37 258,93

Valeur locative des voies occupées quotidiennement pour distribution anticipée du courrier — 47 029,12

Coût mensuel moyen de l'éclairage et du chauffage des wagons postaux placés quotidiennement pour la distribution anticipée du courrier — 18 400,57

Intérêts au taux légal sur la valeur des grues, ramasseurs et camions nécessaires au service du courrier — 3 895,36

Total — 401 126,00 $ [F]

Toutes les données ci-dessus ont été communiquées au ministre des Postes en réponse à sa demande, mais il n'a fait aucun usage de ces éléments, omission manifestement au grave désavantage des chemins de fer et ayant pour effet de réduire indûment ses estimations du coût du courrier. service.

De même, le ministre des Postes a omis d'utiliser les données qu'il avait obtenues des chemins de fer indiquant le volume de transport gratuit de voyageurs, déjà mentionné, fourni aux fonctionnaires et agents du ministère des Postes et ses estimations ne contiennent aucune reconnaissance du coût de ce service, bien que son étendue doive être notifiée au ministère, car il n'est fourni que sur demande. L'espace des voitures de voyageurs occupé par ces représentants de la Poste, voyageant gratuitement, n'était pas affecté au service du courrier mais était assimilé à un espace voyageurs.

VII. LE MOIS DE NOVEMBRE N'EST PAS UN MOIS MOYEN JUSTE DANS UNE ANNÉE FERROVIAIRE NI UN MOIS TYPIQUE D'UNE ANNÉE D'AFFAIRES ET SON UTILISATION COMME UNIQUE BASE DES CALCULS DU MAÎTRE GÉNÉRAL DES POSTES ÉTAIT TELLEMENT DÉFAVORABLE AUX CHEMINS DE FER QU'IL PRIVE LES RÉSULTATS DE TOUTE VALEUR MÊME SI À TOUS LES AUTRES RESPECTS, SES MÉTHODES ÉTAIENT AU-DELÀ DE LA CRITIQUE.

Tous les calculs du ministre des Postes, rapportés dans le document n° 105, et sur lesquels il s'est appuyé, ainsi qu'ailleurs, pour étayer son attaque contre les salaires du courrier ferroviaire existants, dépendent uniquement des données du seul mois de novembre, de l'année 1909. Il est donc évident que la validité de ses conclusions, si tous les autres processus étaient exacts et ses déductions par ailleurs saines, dépendrait de la question de savoir si novembre est suffisamment représentatif de l'année ferroviaire pour être utilisé en toute sécurité comme seule base de conclusions. applicable à une année entière. La vérité est cependant que novembre n'est pas un mois typique ou moyen et que tous ses écarts par rapport aux moyennes de l'année sont de nature à favoriser grandement le résultat recherché par le ministre des Postes.

On peut fort bien douter que l'année ferroviaire contienne un mois qui puisse à juste titre être considéré comme typique de l'ensemble de la période, mais si c'est le cas, le mois de novembre, avec quatre dimanches, deux jours fériés et seulement vingt-quatre jours ouvrables, n'est certainement pas un tel mois. L'Interstate Commerce Commission publie les agrégats mensuels des recettes ferroviaires et ces données officielles prouvent de manière concluante que novembre 1909 a été le mois pour lequel les données étaient les plus fortement favorables à la conclusion, par la méthode du ministre des Postes, d'un coût apparent anormalement bas pour les chemins de fer. les services ferroviaires de voyageurs et, par conséquent, pour le service postal.

C'est un mois au cours duquel des conditions essentiellement hivernales prévalent dans une grande partie du pays et, pour cette raison, un mois pendant lequel une grande partie des travaux ordinaires d'entretien des voies et des structures doivent être suspendus. De tels travaux représentent une grande partie des dépenses annuelles de tous les chemins de fer et ces dépenses concernent dans une proportion relativement importante les services de voyageurs, car la vitesse plus élevée des trains de voyageurs entraîne une usure relative plus importante de la plate-forme et des structures que celle provoquée par les trains plus lents du service de fret et les exigences de sécurité des passagers transportés à grande vitesse imposent des normes d'entretien plus coûteuses que ce qui serait autrement nécessaire. Par conséquent, un mois au cours duquel ces dépenses d'entretien sont nécessairement inférieures à la moyenne annuelle ne peut pas représenter le coût annuel total des services de trains de voyageurs. Les chiffres montrant les faits figurent à l'annexe B .

Il est entendu, bien entendu, que les dépenses respectives des services de transport de voyageurs et de marchandises doivent évoluer à la hausse et à la baisse en fonction des fluctuations du volume de chaque sorte de trafic. Aucun mois ne peut fournir une base fiable pour estimer la proportion des dépenses totales causée par le service de passagers, à moins qu'au cours de ce mois le volume du trafic de passagers n'ait un rapport normal avec le volume du trafic de marchandises. Mais en novembre 1909, comme le montreront les chiffres officiels pour chaque mois de l'année contenus dans l'Annexe C , le trafic de passagers, tel que mesuré par les recettes, était bien inférieur à la moyenne mensuelle de l'année tandis que le trafic de marchandises était bien au-dessus de la moyenne. Les recettes des passagers en novembre ne se sont élevées qu'à 21,5 pour cent. du total des recettes, le rapport le plus bas indiqué pour n'importe quel mois de l'année. Bien entendu, dans ces conditions , les dépenses liées aux passagers ont été réduites et les dépenses de fret relativement augmentées. Certes, l'exploitation des données résultant de ces relations anormales ne pourrait pas produire des résultats assez typiques d'une période normale, c'est-à-dire d'une année entière. Les résultats ainsi obtenus ont dû diminuer le coût apparent des services de trains de voyageurs au-dessous du coût réel, d'autant que les chiffres de novembre étaient au-dessous des chiffres moyens de l'année.

Ces considérations établissent pleinement la vérité selon laquelle, si toutes les autres caractéristiques du document N° 105 étaient absolument irréprochables, le fait qu'il repose entièrement sur des estimations basées sur des données pour le seul mois de novembre rendrait ses conclusions illusoires, trompeuses et sérieusement préjudiciables à l'opinion publique. les chemins de fer.

VIII. UNE COMMISSION DE SÉNATEURS ET DE MEMBRES DU CONGRÈS QUI, ENTRE 1898 ET 1901, A ENQUÊTÉ LE PLUS COMPLÈTEMENT ET AVEC SOIN SUR LE SUJET, A DÉCLARÉ ET DÉCLARÉ QUE LA RÉMUNÉRATION DU COURRIER FERROVIAIRE N'ÉTAIT PAS ALORS EXCESSIVE ; Depuis lors, il y a eu de nombreuses et importantes réductions de salaires, accompagnées d'augmentations substantielles du coût et de la valeur des services rendus par les chemins de fer.

La Commission mixte du Congrès chargée d'enquêter sur le service postal, qui a rendu compte le 14 janvier 1901, fait autorité sur le fait qu'à cette époque, les salaires du courrier ferroviaire n'étaient pas excessifs. le sénateur William B. Allison, de l'Iowa ; le sénateur Edward S. Wolcott, du Colorado ; le sénateur Thomas S. Martin, de Virginie ; le représentant Eugene F. Loud, de Californie ; Le représentant WH Moody, du Massachusetts, et le représentant TC Catchings, du Mississippi, six des huit membres de la Commission, se sont alors unis dans ce qui suit :

"Après un examen attentif de tous les éléments de preuve et des déclarations et arguments soumis, et compte tenu de tous les services rendus par les chemins de fer, nous sommes d'avis que 'les prix actuellement payés aux compagnies ferroviaires pour le transport du courrier' ne sont pas excessifs et recommandent qu'aucune réduction ne soit effectuée pour le moment. Cinquante-deuxième Congrès, deuxième session, document du Sénat n° 89, pp. 19, 22, 25, 29.

Depuis le rapport de la Commission, le volume du courrier américain, les revenus du service postal américain et les demandes de services et d'installations adressées aux chemins de fer ont considérablement augmenté. Les coûts de fourniture du transport ferroviaire ont également considérablement augmenté. Le coût nécessaire de la propriété ferroviaire par unité de service a augmenté, et par conséquent le montant requis comme rendement raisonnable, en raison des salaires et des prix plus élevés, des normes de service plus élevées exigées et de la valeur plus élevée des biens immobiliers requis pour des activités prolongées. et les usines terminales nécessaires. Les dépenses de fonctionnement ont augmenté en raison des augmentations répétées des taux de salaires versés aux employés de tous niveaux et de l'augmentation des prix des matériaux et des fournitures. Les impôts ont augmenté avec l'augmentation rapide des exactions des États et des gouvernements locaux et l'imposition d'un tout nouvel impôt fédéral sur les sociétés. [G] Pourtant, pendant cette période d'augmentation rapide des dépenses ferroviaires, et bien qu'à ses débuts, la rémunération du courrier ferroviaire n'était pas excessive, les taux de paiement des services de courrier ferroviaire ont été soumis à des diminutions répétées et drastiques provoquées à la fois par l'action législative et par des arrêtés administratifs. Ces réductions ont tellement plus que compensé les avantages plutôt douteux que l'on pourrait supposer que les chemins de fer ont tirés de l'augmentation du volume du trafic postal, qu'en 1912 ils trouvent leur service postal plus non rentable que jamais. Le tableau suivant montre les faits :

Exercice fiscal	Salaire total du courrier ferroviaire	Paiement moyen du courrier ferroviaire par 100,00 $ de reçus postaux.
1901	38 158 969 $	34,18 $
1904	43 971 848	30.62
1907	49 758 071	27.10
1910	49 405 311	22.04
1911	50 583 123	21.26

Ce qui précède montre que le ministère des Postes a dépensé pour le transport ferroviaire, en 1901, 34,18 $ afin de gagner 100,00 $ en brut et qu'en 1911, cette dépense avait été réduite de 37,8 pour cent. à 21,26 $.

Cette diminution notable est la conséquence (première) de l'application de la loi fixant la rémunération du courrier en vertu de laquelle le paiement moyen par unité de service diminue à mesure que le volume du courrier augmente ; (deuxième) des lois du Congrès des 2 mars 1907 et 12 mai 1910, et (troisième) des changements administratifs effectués par le ministère des Postes qui, sans diminuer les services requis des chemins de fer ni permettre à ces services d'être rendus à moindre coût, réduisait considérablement le paiement correspondant. Le principal de ces changements administratifs était l'ordonnance du ministre des Postes connue sous le nom d'ordonnance « Diviseur » (n° 412 du 7 juin 1907, remplaçant l'ordonnance n° 165 du 2 mars 1907) abaissant radicalement la base de calcul des paiements annuels pour le transport. . Aucune estimation officielle de la réduction du paiement annuel global produite par l'application de la loi fixant le système de paiement n'a été faite, mais de temps à autre, le Département a publié des estimations des réductions autrement effectuées. Aucune de ces estimations n'est actuellement à jour, et pour les rendre comparables au volume actuel du courrier, il faudrait des augmentations substantielles, mais elles sont indiquées ci-dessous comme représentant un montant sensiblement inférieur au chiffre le plus bas possible de la réduction annuelle totale actuelle.

Cause de la réduction	Montant de la réduction annuelle.
Fonctionnement naturel de la loi	Aucune estimation.
Lois du 2 mars 1907 et du 12 mai 1910	2 723 658,90 $
Retrait du salaire pour les installations spéciales	167 005,00
Ordonnance de division du ministre des Postes	4 941 940,34
Autres changements administratifs	699 544,51
Total (sans allocation pour le premier élément ci-dessus)	8 532 148,75 $

Personne ne prétendra un seul instant qu'il y a eu une réduction nette du coût de fourniture des services et des installations du courrier ferroviaire depuis 1901, année au cours de laquelle le rapport de la Commission mixte chargée d'enquêter sur le service postal a été rédigé. En fait, toutes les modifications des coûts d'exploitation ferroviaire, à l'exception de celles dues à une efficacité accrue de l'organisation et de la gestion, qui peuvent avoir peu ou pas d'effet en ce qui concerne le trafic postal, ont été dans la direction opposée. Au cours des années caractérisées par ces réductions, les chemins de fer ont été appelés continuellement à améliorer le caractère de leur service postal et le ministère des Postes ne niera pas que les chemins de fer offrent maintenant un service postal meilleur, plus fréquent et plus rapide qu'en 1901. ou toute année intermédiaire, et ce, à un coût considérablement accru pour eux-mêmes.

Au vu de ces faits parfaitement étayés, les réductions draconiennes de ces dernières années constituent une preuve irréfutable que les salaires du courrier ferroviaire sont désormais trop bas.

IX. L'ADMINISTRATION DES POSTES N'A PROCÉDÉ, AU COURS DES DOUZE DERNIÈRES ANNÉES, AUCUNE RÉDUCTION DU TOTAL ANNUEL DE SES DÉPENSES AUTRES QUE LE TRANSPORT FERROVIAIRE NI DE LA PROPORTION DE SES REVENUS NÉCESSAIRES À CES AUTRES DÉPENSES, MAIS LA TOTALITÉ DES ÉCONOMIES QUI A PRESQUE ÉLIMINÉ LE DÉFICIT ANNUEL DU DÉPARTEMENT EST REPRÉSENTÉ PAR LES PAIEMENTS RÉDUITS, PAR UNITÉ DE SERVICE, AUX CHEMINS DE FER.

Les récentes économies réalisées par le service postal ont été entièrement réalisées aux dépens des chemins de fer, comme le prouvent les faits suivants :

	1901.	1911.
Recettes brutes postales	111 631 193 $	237 879 823 $
Frais postaux, tous usages ;		
Total	115 554 921 $	238 507 669 $
Pour cent. des recettes brutes	103,5	100,3
Paiement du courrier ferroviaire ;		
Total	38 158 969 $	50 583 123 $
Pour cent. des recettes brutes	34.2	21.3
Les frais postaux autres que le courrier ferroviaire sont payés ;		
Total	77 395 952 $	187 924 546 $
Pour cent. des recettes brutes	69,3	79,0

Ce tableau montre qu'au cours des dix années allant de 1901 à 1911, le ministère des Postes a réduit son ratio d'exploitation entre ses dépenses totales et ses recettes brutes de 103,5 pour cent. à 100,3 pour cent, soit une réduction de 3,2 points ; mais il montre aussi que cette amélioration était due uniquement au fait que le rapport entre les dépenses de courrier ferroviaire et les recettes brutes a été réduit de 34,2 pour cent. à 21,3 pour cent, soit une réduction de 12,9 points, tandis que le rapport de toutes les autres dépenses aux recettes brutes est passé de 69,3 pour cent. à 79 pour cent, soit une augmentation de 9,7 points. Ainsi, l'amélioration de 3,2 points du ratio pour l'ensemble des dépenses est entièrement due à la forte diminution du ratio des salaires du courrier ferroviaire, la forte réduction à cet égard dépassant de 3,2 points l'augmentation très substantielle du ratio pour toutes les autres dépenses.

Au cours des dix années de 1901 à 1911, le ministère a accru considérablement ses activités à un coût considérablement réduit pour le transport ferroviaire et à un coût considérablement accru pour d'autres fins. Il a coûté au Ministère, à des fins autres que le transport ferroviaire, près des neuf dixièmes de 126 248 630 $ pour ajouter ce montant à ses recettes brutes (bien qu'à ces autres fins il ait dépensé auparavant moins de sept dixièmes de ses recettes brutes) alors qu'il lui fallait moins plus d'un dixième de la même somme pour payer le transport ferroviaire supplémentaire que nécessitait la nouvelle entreprise (bien qu'au début de la période, le transport ferroviaire avait coûté plus d'un tiers des recettes brutes). Cette comparaison surprenante justifie pleinement la conclusion que le pouvoir du Congrès et du Département a été exercé pour imposer aux chemins de fer, en réduisant les paiements pour leurs services, le fardeau non seulement de l'effort visant à éliminer le déficit postal annuel, mais aussi d'une augmentation considérable des d'autres formes de dépenses postales. Aucune référence à la livraison gratuite en milieu rural ne servira à expliquer la conclusion suggérée par cette comparaison, d'autant plus que seule une fraction du coût de ce service représente en réalité une dépense nette supplémentaire. Ce service a permis de réduire d'un tiers le nombre des bureaux de poste et a été dans de nombreux cas substitué au service des routes en étoile et les économies ainsi permises devraient lui être créditées avant d'en déterminer le coût.

Que des augmentations des dépenses postales aient été nécessaires, entre 1901 et 1911, n'est pas nié. C'était une période où l'augmentation constante et importante du coût de la vie rendait nécessaire une augmentation considérable des salaires des employés des postes et du coût des fournitures postales, précisément au moment où les chemins de fer étaient poussés à augmenter les salaires et traitements de leurs employés et étaient obligés de payer des prix plus élevés pour leurs fournitures. En d'autres termes, le pouvoir d'achat du dollar américain, et de la monnaie standard partout dans le monde, a considérablement diminué et cette diminution a affecté le ministère des Postes comme elle a affecté toutes les entreprises commerciales. Mais le pouvoir d'achat du dollar ferroviaire a diminué exactement comme celui de tous les autres dollars et il était déraisonnable et injuste que, pendant que ce changement était en cours, les pertes qu'il entraînait dans le service postal du gouvernement soient transférées, comme cela a été le cas. Cela a montré qu'ils l'étaient, aux chemins de fer qui, en même temps, subissaient des pertes bien plus importantes pour la même cause.

X. LE REFUS CONTINU DE LA POSTE D'ORDONNER DES REPESÉES DES COURRIERS SAUF APRÈS L'INTERVALLE MAXIMUM DE QUATRE ANS AUTORISÉ PAR LA LOI, LES DEMANDES DE SERVICES DE GARE ET DE TERMINAUX RENDUES SANS AUCUNE OU SANS COMPENSATION ADÉQUATE ET LA DISCRIMINATION INJUSTE À L'ÉGARD LES WAGONS À COMPARTIMENTS UTILISÉS COMME BUREAUX DE POSTE FERROVIAIRES SONT TOUS DES ABUS SÉRIEUSEMENT PRÉJUDICES AUX CHEMINS DE FER, QUI ONT GRANDI SOUS LE SYSTÈME ACTUEL DE PAIEMENT ET DOIVENT ÊTRE IMMÉDIATEMENT RÉPARÉS.

Outre les insuffisances des taux de rémunération prévus par la loi actuelle, qui se traduisent par des paiements qui ne laissent aucun solde d'impôts ni de rendement de la propriété et ne couvrent même pas les dépenses de fonctionnement, il existe certaines conditions qui se sont développées dans l'application de la base de rémunération existante qui devrait être rectifiée. Ceci est particulièrement nécessaire étant donné la tendance, démontrée ici, du ministère des Postes à appliquer le système de manière à réduire ses dépenses pour le transport ferroviaire et à considérer ce poste comme la principale ou l'unique source d'économies.

La prime de transport reçue pour chaque itinéraire ferroviaire est déterminée, selon la pratique du Ministère, pour une période de quatre ans sur la base du poids journalier moyen transporté pendant une période d'environ trois mois précédant le début de la période pour laquelle c'est réparé. Ainsi, aux termes de la loi, le gouvernement soutient le principe selon lequel le poids doit être la base de paiement mais, par une pratique incohérente, nie ce principe et crée une condition dans laquelle il est pratiquement certain que le poids réellement transporté différera sensiblement du poids payé. Le Congrès n'a certainement jamais eu l'intention d'aboutir à ce résultat pour la disposition de la loi, c'est-à-dire simplement que le courrier doit être pesé « au moins fréquemment » une fois tous les quatre ans et implique clairement l'intention qu'il soit pesé chaque fois qu'un changement substantiel de volume se produit. eu lieu. Mais le ministère des Postes contrôle, sous réserve des dispositions légales, la fréquence des pesées , et recherche naturellement les réductions de ses dépenses qui peuvent s'effectuer sans perte partout ailleurs que dans les recettes ferroviaires. En conséquence, elle a depuis longtemps cessé d'ordonner de nouvelles pesées , sauf si elle y était contrainte par l'expiration du délai légal. Il arrive ainsi que, bien que les chemins de fer soient payés sur la base d'un certain poids journalier moyen, ils transportent souvent un poids beaucoup plus élevé et sans aucune compensation pour l'augmentation de ce poids. Dans d'autres cas, le changement va dans la direction opposée, mais avec l'augmentation de la population et de la richesse nationale, il est évident que la plupart de ces changements doivent se faire au détriment des chemins de fer. Cependant, l'élément d'incertitude ainsi introduit dans chaque contrat n'est pas commercial et, par souci d'équité envers les deux parties, devrait être supprimé. Aucun chemin de fer ne conclurait un contrat de quatre ans pour transporter, pour une somme définie, la production illimitée d'une usine de fabrication et s'il tentait de le faire, le contrat serait nul en vertu de la loi sur le commerce interétatique. Les termes des contrats de courrier sont dictés en substance par le ministre des Postes et par le Congrès et ce dernier devrait, en toute justice tant envers les chemins de fer que envers le gouvernement, exiger que le premier fasse des pesées annuelles afin que le système de paiement prévu dans la loi peut être appliquée de manière juste et précise.

Les chemins de fer sont tenus de transférer le courrier entre leurs gares et tous les bureaux de poste distants d'au plus un quart de mille des premiers et, au choix du ministère des Postes, d'effectuer des transferts similaires aux terminaux. Pour les premiers, aucune compensation n'est accordée et pour les seconds, les allocations sont insuffisantes. Il existe de nombreux cas dans lesquels ces services supplémentaires nécessitent, de la part des chemins de fer concernés, des dépenses qui dépassent la compensation totale des itinéraires postaux sur lesquels ils sont assurés. L'étendue de ces exigences dans des cas particuliers est largement soumise à la volonté du Ministère, ce qui crée des incertitudes déraisonnables quant à ce qui peut être exigé pendant la durée d'un contrat. La base de paiement n'envisage manifestement pas de tels services, ils sont une survivance de l'époque où le courrier était transporté par des diligences, ce qui pouvait facilement dévier ces distances de leurs itinéraires habituels, et il est clair que le gouvernement devrait assurer ces services. services lui-même ou rémunérer raisonnablement les chemins de fer pour ceux-ci.

Une grande partie du courrier transporté par les chemins de fer est transporté dans des wagons spécialement équipés comme bureaux de poste ambulants afin qu'il puisse être accompagné par des commis des postes qui effectuent, pendant le voyage, précisément le travail qu'ils effectueraient autrement dans les bureaux de poste locaux. Les wagons ainsi utilisés ne peuvent être que peu chargés et sont coûteux à fournir, à équiper, à entretenir et à déplacer. Leur utilisation a considérablement accru l'efficacité du service postal et accéléré considérablement le traitement du courrier. Au début de ce service, le Congrès prévoyait des paiements supplémentaires pour les voitures complètes ainsi requises, mais lorsque la pratique consistant à exiger des parties de voitures dans le même but identique a été inaugurée, aucune disposition pour les payer n'a été prise et cette condition n'a jamais été corrigée. Même dans le document n° 105, l'injustice de cette situation est reconnue (page 3) et le ministre des Postes affirme qu'il s'agit d'une discrimination purement arbitraire et sans fondement logique. Il convient évidemment de prévoir une allocation raisonnable pour les voitures-appartements.

XI. LE PLAN DE PAIEMENT PROPOSÉ PAR LE MAÎTRE GÉNÉRAL DES POSTES BASÉ SUR LES COÛTS DE FONCTIONNEMENT ET LES TAXES, À ÊTRE CONSTATÉS PAR LE DÉPARTEMENT DES POSTES, PLUS SIX POUR CENT. EST SÉRIEUSEMENT FAUX EN PRINCIPE ET ENCOURAGERAIT ET PERPÉTUERAIT L'INJUSTICE.

La discussion qui précède met clairement en évidence l'erreur et l'injustice de la proposition du ministre des Postes de payer les chemins de fer pour le transport du courrier sur la base du retour des dépenses d'exploitation et des taxes, telles que déterminées par le ministère des Postes, attribuables au transport du courrier. courriers, plus six pour cent. de la somme de ces dépenses et taxes.

La discussion sous le titre III ci-dessus démontre que le plan ne tient pas compte de toute allocation de rendement sur la propriété et serait destructeur des droits universellement reconnus des compagnies de chemin de fer.

En outre, un tel plan est fondamentalement erroné car il implique de payer les tarifs les plus élevés au chemin de fer qui, en raison de handicaps physiques ou de méthodes inefficaces, est exploité le plus cher et les tarifs les plus bas au chemin de fer qui, en raison de la plus grande efficacité, fonctionne au niveau le plus élevé. coût le plus bas. L'efficacité opérationnelle supérieure d'un chemin de fer est souvent due à des dépenses d'investissement exceptionnellement lourdes pour obtenir des voies de faible qualité, deux, trois ou quatre voies principales, et pour améliorer à d'autres égards la plate-forme et les voies afin que les trains puissent être transportés au moindre coût. Un tel chemin de fer a besoin et a droit à des revenus nets suffisants pour lui permettre de payer un rendement convenable sur l'augmentation de valeur qui est due à de telles dépenses. Mais selon le plan du ministre des Postes, un chemin de fer serait pénalisé pour toutes les dépenses en capital qu'il engagerait dans le but de diminuer ses coûts d'exploitation, car plus il réduirait ses coûts d'exploitation, plus il diminuerait sa rémunération du courrier.

La détermination du coût pour un chemin de fer du service postal est nécessairement dans une large mesure une question de jugement et d'opinion, car une grande partie des dépenses totales d'exploitation sont communes au trafic de marchandises et de voyageurs et ne peuvent être réparties qu'approximativement. Il existe une marge d'appréciation très large dans l'établissement de ces répartitions. Il ne serait ni juste ni approprié de confier au ministère des Postes le pouvoir discrétionnaire de procéder à une telle répartition, car le ministère des Postes a un intérêt évident en jeu, son objectif étant toujours de réduire les salaires des chemins de fer au minimum.

La dernière déclaration précédente est pleinement justifiée par les faits révélés dans les pages précédentes, qui montrent avec quelle cohérence le ministère des Postes s'est appuyé sur les réductions des salaires du courrier ferroviaire comme source toujours disponible de réductions souhaitées des dépenses et avec quel échec les chemins de fer ont résisté à cela . pression persistante. Ils montrent que les ministres généraux des Postes successifs ont profité de toutes les possibilités légales, comme par exemple de prendre le délai le plus long entre les pesées du courrier permis par la loi et l'interprétation tendue de la loi fixant la base de paiement (page 19), afin d'effectuer des réductions. en paiement du courrier ferroviaire. Par conséquent, les faits amènent irrésistiblement à une conclusion, à savoir que le ministère des Postes est une entité bureaucratique dont l'intérêt dans la réduction des sommes versées aux chemins de fer est incompatible avec une détermination impartiale de ce qu'est une juste compensation. Cet intérêt, combiné à la brièveté du mandat des agents responsables du ministère, doit toujours inciter ces derniers à soutenir des normes insuffisantes en matière de rémunération du courrier et les empêcher de reconnaître la nécessité ultime de payer équitablement pour un service efficace. Il serait donc manifestement inopportun et étonnamment injuste de placer les revenus du courrier ferroviaire entièrement à la merci du ministère en promulguant une loi qui autoriserait chaque ministre des Postes à fixer la rémunération du courrier ferroviaire sur la base de ses propres enquêtes et opinions de manière appropriée. domaine dans lequel beaucoup de choses doivent être laissées à l'estimation et à l'approximation, comme celui du coût relatif ou réel des différents types de services ferroviaires.

Il est admis que tout contrat de courrier ferroviaire est conclu entre le gouvernement, qui est le souverain, et un citoyen, et que la nature et les termes du contrat doivent toujours être dictés en substance par le premier. Mais cette condition même invoque le principe de justice primaire, selon lequel le souverain veillera à exercer son pouvoir sans oppression. A cette fin, la détermination des conditions dans lesquelles le Département des Postes peut bénéficier des services essentiels des chemins de fer devrait être réservée, comme au moins en partie dans le passé, au Congrès, ou, si elle est déléguée, elle devrait être confiée à un bureau ou à une agence gouvernementale qui n'est pas directement et immédiatement intéressé à réduire les salaires du courrier ferroviaire en dessous d'une compensation juste et raisonnable.

ANNEXE A.
EXTRAITS DES LOIS ET RÈGLEMENT POSTAL.

« Les compagnies de chemin de fer, dans les gares où sont employés des commis au transfert, fourniront, sans frais particuliers, des locaux convenables et suffisants pour la manutention et le stockage du courrier. Ces locaux seront éclairés, chauffés, meublés, alimentés en eau glacée et tenus en ordre. par la compagnie ferroviaire. » Article 1186, deuxième alinéa.

"Les exigences spécifiques du service quant à... l'espace requis... dans les gares, les agencements, le mobilier, etc., seront à tout moment déterminées par le ministère des Postes et portées à la connaissance du surintendant général du service postal ferroviaire. " Article 1186, troisième alinéa.

"Les compagnies ferroviaires exigeront de leurs employés qui manipulent le courrier qu'ils tiennent un registre de toutes les valises qui doivent être reçues ou expédiées par elles, et qu'elles vérifient les valises au moment où elles sont reçues ou expédiées, sauf qu'il n'est pas nécessaire de conserver une trace d'un un seul bagage d'un train ou d'une gare à un bureau de poste ou d'un bureau de poste à un train ou une gare qui, en temps normal, est le seul bagage sous la garde des salariés de l'entreprise à ce moment-là pendant qu'ils le manipulent. ne doit pas être interprété comme dispensant les compagnies ferroviaires de demander aux employés à bord des trains de tenir et de vérifier correctement un registre de toutes les valises fermées manipulées par eux, sans exception. Article 1187, premier alinéa.

"En cas de non-réception d'une pochette due, un bordereau de pénurie devra être établi, expliquant la cause du défaut, et transmis à la place de la pochette manquante. Des instructions spécifiques concernant l'utilisation des bordereaux de pénurie seront données par le Surintendant Général. du service postal ferroviaire. Article 1187, deuxième alinéa.

"Toute irrégularité dans la réception et l'expédition du courrier doit être signalée par l'employé à son surintendant dans les plus brefs délais, et s'il s'agit d'une perte ou d'un dommage probable du courrier, ou si la cause du défaut de réception d'une pochette n'est pas connue, le rapport " doit être fait par télégramme, et le surintendant en informera sans délai le surintendant de la division du service postal ferroviaire. Une copie du rapport de l'employé doit être jointe et faire partie du dossier permanent de la pochette. " Article 1187, troisième alinéa.

"Les registres des valises de train seront conservés au siège des chefs de division des compagnies ferroviaires pendant au moins un an immédiatement après la date à laquelle le courrier concerné a été traité, et y seront accessibles aux inspecteurs des postes et autres agents de la Poste. Département du bureau . Les dossiers des pochettes de la gare seront conservés dans les dossiers de la gare à laquelle ils postulent pendant au moins un an immédiatement après la date à laquelle le courrier concerné a été traité, et y seront accessibles aux inspecteurs du bureau de poste et aux autres agents de la poste. Département de bureau." Article 1187, quatrième alinéa.

"Les compagnies ferroviaires exigeront de leurs employés qu'ils soumettent les dossiers de valise pour examen aux inspecteurs du bureau de poste et à d'autres agents dûment accrédités du ministère des Postes, à leur demande et sur présentation de leurs pouvoirs à ces employés." Article 1187, cinquième alinéa.

"Toute compagnie de chemin de fer est tenue de prendre le courrier et de le livrer dans tous les bureaux de poste terminaux, quelle que soit la distance entre la gare et le bureau de poste, sauf dans les villes où d'autres dispositions pour ce service sont prises par le ministère des Postes. Dans tous les cas où le Département n'a pas pris d'autres dispositions, la distance entre le bureau de poste terminal et la gare la plus proche est calculée et payée comme faisant partie de l'itinéraire. Article 1191, premier alinéa.

"La compagnie ferroviaire doit également prendre les courriers et les livrer dans tous les bureaux de poste intermédiaires et gares postales situés au maximum à quatre-vingts verges de la gare ferroviaire la plus proche dans laquelle la compagnie a un agent ou autre représentant employé, et la compagnie ne doit pas être relevé de cette obligation en raison de la cessation d'activité d'une agence sans préavis de trente jours au Ministère. Article 1191, deuxième alinéa.

" Aux points de correspondance où les gares ferroviaires ne sont pas distantes de plus de quatre-vingts tiges, une entreprise ayant sur son train du courrier à acheminer par le train de correspondance sera tenue de transférer ces courriers et de les livrer dans le train de correspondance, ou, si la connexion n'est pas immédiate , de les remettre à l'agent de la compagnie pour qu'ils soient correctement acheminés par les trains de ladite compagnie." Article 1192.

"Dans les endroits où les compagnies de chemin de fer sont tenues de prendre le courrier et de le livrer dans des bureaux de poste ou des gares postales ou de le transférer vers des chemins de fer de correspondance, les personnes employées pour effectuer ce service sont des agents des compagnies et non des employés du service postal. et n'ont pas besoin de prêter serment ; mais ces personnes doivent être âgées de plus de seize ans et posséder une intelligence et un caractère appropriés. Les maîtres de poste signaleront rapidement toute violation de cette exigence. " Article 1193.

"Lorsqu'il est souhaitable que le courrier soit retiré du bureau de poste ou de la gare postale pour être acheminé vers un point terminal où le service terminal incombe à l'entreprise, avant l'heure habituelle de fermeture du courrier, l'entreprise sera tenue de faire cette avance livraison dans la mesure où les exigences du service l'exigent. Article 1194.

"Lorsqu'un messager employé par le ministère des Postes ne peut pas attendre un train en retard sans manquer d'autres courriers, la compagnie ferroviaire sera tenue de prendre en charge et d'expédier le courrier pour le train en retard, et sera responsable du courrier entrant jusqu'à sa livraison à le messager ou tout autre représentant autorisé du Ministère. Article 1195.

"Chaque fois que le courrier sur une voie ferrée arrive à une heure tardive de la nuit, la compagnie ferroviaire doit en conserver la garde en le plaçant dans une pièce ou un appartement sûr et sûr du dépôt ou de la gare jusqu'au lendemain matin, date à laquelle il doit être livré. au bureau de poste, ou au coursier employé par le ministère des Postes, aussi tôt que l'exigent les nécessités du bureau de poste. Article 1196.

"Lorsqu'un train quitte une gare ferroviaire dans la nuit après 9 heures et qu'il est jugé nécessaire que le courrier soit expédié par ce train, le surintendant de la division du service postal ferroviaire fera, là où le courrier est pris et livré au bureau de poste par la compagnie ferroviaire, demandera à la compagnie, ou lorsqu'un messager ou un transporteur de courrier est employé par le ministère des Postes, de lui demander d'apporter le courrier à la gare ferroviaire au moment qui servira le mieux les intérêts de " Le service du courrier. Ce courrier sera pris en charge par l'agent ou autre représentant de la compagnie ferroviaire, qui sera tenu de le conserver dans un endroit sûr jusqu'à l'arrivée du train, puis de veiller à ce qu'il soit correctement expédié. " Article 1197, premier alinéa.

"Le surintendant de division du service postal ferroviaire donnera un préavis raisonnable au fonctionnaire compétent de la compagnie ferroviaire, afin que l'agent ou les représentants de la compagnie puissent être correctement instruits." Article 1197, deuxième alinéa.

"Les compagnies de chemin de fer devront placer leurs wagons postaux à des points accessibles aux messagers ou aux entrepreneurs pour le service des wagons. Si les wagons ne sont pas ainsi placés, les compagnies seront tenues de recevoir le courrier et de les livrer aux messagers ou aux entrepreneurs à des points accessibles. au chariot du messager ou de l'entrepreneur. Article 1198.

"Un train postal ne doit pas se retirer et laisser du courrier qui est en train d'être chargé sur le wagon ou dont le conducteur ou l'agent de train a des informations et qui est transporté par camion depuis des wagons ou une partie de la gare vers les wagons." Article 1199.

"À tous les points où les trains ne s'arrêtent pas là où le ministère des Postes juge l'échange de courrier nécessaire, un dispositif de réception et de livraison du courrier satisfaisant le ministère doit être érigé et entretenu ; et en attendant l'érection d'un tel dispositif, la vitesse des trains doivent être ralentis de manière à permettre l'échange en toute sécurité." Article 1200, premier alinéa.

"Dans tous les cas où le Département le jugera nécessaire à la sécurité de l'échange des courriers, la compagnie ferroviaire sera tenue de réduire la vitesse ou d'arrêter le train." Article 1200, deuxième alinéa.

"Lorsque les courriers de nuit sont pris par une grue, la compagnie ferroviaire doit fournir la lanterne ou la lumière qui sera attachée à la grue et la maintenir en bon état, régulièrement placée et éclairée ; mais si la compagnie n'a aucun agent ou employé à cette gare, la compagnie doit fournir la lumière, et le soin et la mise en place de celle-ci incomberont au transporteur du Département. Article 1200, troisième alinéa.

"Le mécanicien d'un train doit avertir en temps utile, par un sifflet ou un autre signal, de son approche d'une grue postale." Article 1200, quatrième alinéa.

"Les compagnies de chemin de fer sont tenues de transporter sur n'importe quel train, sans frais spécifiques, tous les sacs postaux, les blancs de bureau de poste, la papeterie, les fournitures et tous les agents dûment accrédités du département des postes et des inspecteurs des postes sur présentation de leurs lettres de créance." Article 1184.

ANNEXE B.
CLASSIFICATION DES DÉPENSES DE FONCTIONNEMENT.

(Données tirées des rapports de l'Interstate Commerce Commission.)

Coût moyen par mile de ligne.

Classe	Exercice 1910		Novembre 1909		Moyenne mensuelle des onze autres mois de l'exercice	
	Montant	Moyenne mensuelle	Montant	Pour cent. de la moyenne mensuelle de l'exercice	Montant	Pour cent. de la moyenne mensuelle de l'exercice
Entretien des voies et des structures	1 562,88 $	130,24 $	124,04 $	95.24	130,80 $	100.43
Entretien du matériel	1 746,00	145,50	148.44	102.02	145.23	99,82
Frais de circulation	220.61	18h38	18h85	102,56	18h34	99,78
Frais de transport	2 893,71	324,48	327,78	101.02	324.18	99.91
Frais généraux	287,71	23,98	23h10	96.33	24.06	100.33
Total	7 710,91 $	642,58 $	642,21 $	99,94	642,61 $	100,00

ANNEXE C.
RECETTES DU TRAFIC DE PASSAGERS ET DE MARCHANDISES PAR MOIS.

(Données tirées des rapports de l'Interstate Commerce Commission.)

Mois	Recettes passagers par mile de ligne			Recettes de fret par mile de ligne			Pour cent. des recettes des passagers aux recettes des passagers et du fret
	Total	Moyenne quotidienne	Pour cent. de moyenne quotidienne pour l'année	Total	Moyenne quotidienne	Pour cent. de moyenne quotidienne pour l'année	
1909, juillet	251,66 $	8,12 $	112.15	608,67 $	19,63 $	88.46	29h25
Août.	269,70	8h70	120.17	653,97	21h10	95.09	29h20
Sept.	254,95	8h50	117.40	704.51	23h48	105.81	26.57
Octobre.	231,80	7.48	103.31	781.91	25.22	113,65	22,87
Nov.	206,69	6,89	95.17	752,69	25.09	113.07	21h54
Déc.	211,55	6,82	94.20	640,59	20.66	93.11	24.83
1910, janvier.	187.42	6.05	83.56	618.06	19.94	89,86	23.27
Fév.	171,92	6.14	84,81	603.76	21h56	97.16	22.16
Mars	202.61	6.54	90.33	716.76	23.12	104.19	22.04
Avril	203,84	6,79	93,78	658,93	21.96	98,96	23.63
Peut	218.47	7.05	97.38	682,96	22.03	99.28	24.24

Juin	233.25	7,78	107.46	674,97	22h50	101.40	25.68
Moyenne	220,32 $	7,24 $	100,00	674,81 $	22,19 $	100,00	24.61

ANNEXE D.
COMMENT LES SALAIRES FERROVIAIRES ONT AUGMENTÉ.

En 1901, les chemins de fer relevant de l'Interstate Commerce Commission ont reçu, en brut des sources d'exploitation, la somme de 1 588 526 037,00 $ et ont dépensé en salaires et traitements la somme de 610 713 701,00 $; en 1910, les totaux correspondants étaient de 2 750 667 435,00 $ et de 1 143 725 306,00 $. Les calculs à partir de ces totaux montrent qu'en 1901, les chemins de fer dépensaient en salaires et traitements 38,45 $ sur chaque 100,00 $ de recettes brutes d'exploitation, tandis qu'en 1910, la proportion était passée à 41,58 $, soit une différence de 3,13 $ sur chaque 100,00 $ de recettes brutes. Cette différence ne semble pas minime, mais on ne réalise guère, sauf lorsqu'on fait le calcul, que sur la base des recettes brutes de 1910, elle équivaudrait, comme c'est le cas, à une dépense supplémentaire de $86,095,890.72. Il convient de garder à l'esprit que cette rémunération largement accrue du travail s'est produite malgré le fait qu'une partie de l'augmentation des taux de salaire a été compensée par une plus grande efficacité des méthodes et des installations. Les comparaisons des taux de salaire, tirées des rapports statistiques annuels de l'Interstate Commerce Commission, sont les suivantes :

Catégorie d'employés	Salaire moyen par jour		
	1901	1910	Augmentation pour cent.
Commis de bureau général	2,19 $	2,45 $	11.87
Agents de gare	1,77	2.14	20h90
Autres hommes de la gare	1,59	1,91	20.13
Ingénieurs	3,78	4.34	14.81
Pompiers	2.16	2,57	18,98
Conducteurs	3.17	3,73	17.67
Autres agents de train	2h00	2,72	36h00
Machinistes	2.32	3.03	30h60

Charpentiers	2.06	2,39	16.02
Autres hommes de magasin	1,75	2.20	25.71
Contremaîtres de section	1,71	1,99	16h37
Autres pisteurs	1.23	1,57	27.64
Opérateurs télégraphiques et répartiteurs	1,98	2.16	9.09
Employés, compte matériel flottant	1,97	2.10	6h60
Tous les autres employés et ouvriers	1,69	1,96	15,98

ANNEXE E.
COMMENT LES TAXES FERROVIAIRES ONT AUGMENTÉ.

(Données tirées des rapports de l'Interstate Commerce Commission.)

Année	Le montant payé	Moyenne par mile exploité	Pour cent. de recettes nettes
1900	48 332 273 $	251,00 $	8.7
1901	50 944 372	260,50	8.6
1902	54 465 437	272.12	8.3
1903	57 849 569	281,76	8.4
1904	61 696 354	290,69	9.0
1905	63 474 679	292,55	8.5
1906	74 785 615	336.36	8.8
1907	80 312 375	353.09	8.9
1908 (1)	84 555 146	366,84	10.7
1909 (1)	90 529 014	384,57	10.1
1910 (1)	103 795 701	430,99	10.3

(1) Hors sociétés de terminaux et de commutation.

ANNEXE F.
SÉNAT DES ÉTATS-UNIS

Commission des Postes et des Chemins de Poste

11 septembre 1912.

Mon cher monsieur :

Je vous remets ci-joint une copie du projet de loi sénatorial n° 7371, présenté par moi sur instruction du Comité sénatorial des postes et des routes postales, incarnant un plan recommandé par le ministère des Postes pour déterminer l'indemnisation à verser aux compagnies de chemin de fer pour le transport. des courriers. Ce sujet général a été renvoyé à un comité mixte du Congrès. Le Comité ne s'est pas encore organisé et ne le fera probablement pas avant plusieurs semaines, mais en tant que membre de ce Comité et président du Comité sénatorial des bureaux de poste et des routes postales et en vertu de la résolution sénatoriale n° 56, je désire obtenir immédiatement toute information susceptible d'être disponible pour soumission au Comité lors de sa première réunion. Je vais donc vous demander de répondre aux questions suivantes :

(1) Considérez-vous le plan actuel de compensation comme équitable entre le gouvernement et les chemins de fer ? Dans la négative, à quels égards et pour quelles catégories de chemins de fer cette situation est-elle inéquitable ?

(2) Le principe sous-jacent du plan énoncé dans le projet de loi ci-joint constitue -t-il une base appropriée pour l'indemnisation ? Si non, en quoi est-ce inapproprié et pourquoi ?

(3) Quel serait, à votre avis, un plan souhaitable pour indemniser les compagnies ferroviaires pour le transport du courrier ?

Je désire une réponse rapide à ces demandes relatives au plan général et, si vous n'êtes pas prêt à le faire maintenant, je serai heureux de vous faire soumettre plus tard une discussion détaillée de ce projet de loi et du document de la Chambre n° 105, 62e Congrès. , 1ère Session, que, je suppose, vous connaissez.

Cordialement,

(Sgd.) Jonathan Bourne , Jr.

Président Sénat Com. sur les bureaux de poste et les routes postales.

ANNEXE G.

COMITÉ SUR LA PAIE DU COURRIER FERROVIAIRE.

3 octobre 1912.

L'hon. Jonathan Bourne , Jr.,
président du Comité sénatorial des bureaux de poste et des routes postales,
Washington, DC

Mon cher Monsieur :—

Le Comité sur la rémunération du courrier ferroviaire, représentant 268 routes exploitant plus de 214 275 milles de route, enquête sur le sujet de la compensation postale depuis environ trois ans, ou depuis que le ministère des Postes, en 1909, a envoyé une série de questions concernant l'espace fourni. pour le courrier dans les trains de voyageurs, et le coût pour les compagnies de chemin de fer du service qu'elles rendent au gouvernement dans le transport du courrier. C'est pourquoi le Comité a cru intéressant que vous receviez de lui une réponse aux questions posées par votre lettre du 11 septembre 1912, adressée aux officiers des chemins de fer de tout le pays.

Une réponse au document de la Chambre n° 105 est actuellement en cours de préparation et sera soumise dans les plus brefs délais. En attendant, notre commission souhaite soumettre les réponses suivantes à vos demandes :

Question 1. — Considérez-vous le plan actuel de compensation comme équitable entre le gouvernement et les chemins de fer ? Dans la négative, à quels égards et pour quelles catégories de chemins de fer cette situation est-elle inéquitable ?

Répondre. — La loi actuelle n'a jamais joué au désavantage du gouvernement, mais n'a pas rendu justice aux chemins de fer en raison de pesées peu fréquentes ; absence de salaire pour près de 40 pour cent. de l'espace occupé comme bureaux de poste itinérants ; l'exécution, sans salaire, de services de messagerie secondaires et terminaux, et la réduction injustifiable des salaires par la loi du Congrès du 2 mars 1907, complétée par l'ordonnance n° 412 du ministre des Postes, modifiant le diviseur.

La loi actuelle est basée sur des principes corrects, mais devrait être modifiée de manière à fournir :

a) Pour l'abrogation de la loi du 2 mars 1907.

Malgré la forte augmentation de tous les autres postes liés à l'administration du ministère des Postes, la rémunération des chemins de fer a été désignée comme le seul élément de ces opérations de concentration des économies .

Cela aussi, en dépit du fait que les dépenses d'exploitation des chemins de fer ont été considérablement augmentées par les exigences de la loi concernant les équipements en acier et par une augmentation générale des coûts caractéristique de toutes les opérations commerciales.

(b) Pour les pesées annuelles , et une méthode précise et juste pour déterminer les poids moyens journaliers.

En vertu du pesage quadriennal, tout le poids accru du courrier au cours des quatre années suivantes est transporté par les chemins de fer sans aucune compensation, ce qui est manifestement injuste.

tout moment un espace et des installations pour les wagons pour le poids *maximum* proposé , mais ils ne sont payés que pour le poids *moyen* transporté. L'ordonnance du ministre des Postes concernant le diviseur a injustement réduit cette *moyenne* .

Cette disposition est essentiellement nécessaire en vue du projet de loi instituant le Colis Post, à compter du 1er janvier 1913, qui aura pour conséquence de prélever sur le service express le trafic pour lequel les compagnies ferroviaires reçoivent désormais une compensation et de le transférer vers le service postal ; le projet de loi faisait référence à aucune disposition prévoyant le paiement aux compagnies de chemin de fer pour l'augmentation du tonnage à traiter dans les wagons postaux, bien qu'une telle disposition ait été prise pour les routes en étoile et le service de wagons urbains.

(c) Pour payer les voitures-appartements sur une base qui compensera le service.

Le fait que le ministre des Postes ait lui-même reconnu la justesse d'un tel changement est indiqué dans la citation suivante de la page 3 du document de la Chambre n° 105 : -

"* * * Un montant supplémentaire peut être accordé pour les wagons de poste ferroviaire lorsque l'espace destiné à la distribution occupe 40 pieds ou plus de la longueur du wagon. Aucune compensation supplémentaire n'est accordée pour l'espace destiné à la distribution occupant moins de 40 pieds de la longueur du wagon. . Cette distinction est purement arbitraire et sans aucune raison logique pour son existence."

(d) Pour une allocation équitable aux chemins de fer pour le service de messagerie secondaire et terminal qu'ils effectuent pour le département des Postes, selon la valeur de ce service pour le département des Postes.

Cette nécessité est également soulignée par la création du service des colis postaux, qui augmentera sans aucun doute considérablement les dépenses du service.

(e) Que tous les taux de rémunération soient précis et ne soient pas soumis à la discrétion des agents du Département des Postes.

D'autres inégalités existent dans le cadre de la loi actuelle, mais elles sont dues aux méthodes administratives plutôt qu'à la loi elle-même.

Question 2. — Le principe sous-jacent au plan énoncé dans le projet de loi ci-joint constitue-t-il une base appropriée pour l'indemnisation ? Si non, en quoi est-ce inapproprié et pourquoi ?

Répondre. — Le principe sous-jacent du plan incorporé dans le projet de loi sénatorial n° 7371 n'est pas correct. Tout plan de compensation basé sur les coûts de fonctionnement et les taxes, majorés de six pour cent. pour le profit, est fondamentalement erronée, car elle ne tient pas compte du rendement de la propriété employée.

En outre, un tel plan n'est pas correct, car il implique de payer les tarifs les plus élevés au chemin de fer qui, en raison de handicaps physiques ou de méthodes inefficaces, est exploité le plus cher, et les tarifs les plus bas au chemin de fer dont les opérations sont les plus efficaces et dont le service est le plus satisfaisant. et précieux pour le ministère des Postes. Selon le plan proposé, un chemin de fer serait pénalisé pour toutes les dépenses en capital qu'il effectue dans le but de diminuer ses coûts d'exploitation, car plus il diminuerait ses coûts d'exploitation, plus il diminuerait sa rémunération du courrier, bien qu'en apportant cette amélioration dans coût d'exploitation, il aurait supporté une charge de capital supplémentaire sur laquelle il aurait dû payer des dividendes ou des intérêts.

La détermination du coût pour un chemin de fer de l'exploitation du service postal est nécessairement dans une large mesure une question de jugement et d'opinion, car une grande partie des dépenses totales d'exploitation sont des dépenses communes au trafic de marchandises et de voyageurs et ne peuvent être réparties qu'approximativement et il y a Il existe diverses formules pour une telle répartition. Il ne serait pas juste ni opportun de confier au ministère des Postes le pouvoir discrétionnaire de choisir les formules permettant de déterminer ces coûts, car le ministère des Postes a un intérêt évident en jeu, son objectif étant toujours de réduire les salaires des chemins de fer à un niveau le minimum.

Le coût estimé d'un service spécifique ne constitue pas une base appropriée pour fixer les tarifs de transport d'un produit quelconque. Les chemins de fer ont le droit de recevoir une rémunération complète et équitable pour la valeur du service rendu, et la détermination du coût de ce service a principalement de la valeur comme protection contre l'établissement de tarifs confiscatoires.

Question 3. — Quel serait, à votre avis, un plan souhaitable pour indemniser les compagnies de chemin de fer pour le transport du courrier ?

Réponse .— La loi actuelle est en vigueur depuis près de quarante ans, et ceux qui ont travaillé sous son autorité en connaissent plus ou moins le fonctionnement. S'il était modifié pour corriger de graves inégalités, comme le suggère la réponse à la question 1, et administré de manière juste et impartiale par le ministère des Postes, il serait préférable à tout plan théorique ou inédit qui pourrait être proposé.

Très respectueusement vôtre,

COMITÉ SUR LA PAIEMENT DU COURRIER FERROVIAIRE,

Par

(Signé) RALPH PETERS ,

président par intérim .

NOTES DE BAS DE PAGE :

[A] La nécessité de pourvoir, à partir du revenu, à certains types d'améliorations est communément admise. Le public exige constamment un plus grand confort et une plus grande commodité qui ne peuvent être fournis que par des améliorations immobilières et des équipements qui n'apportent aucun revenu supplémentaire. Un exemple actuel dans le service postal lui-même est la dépense considérable que les chemins de fer engagent actuellement pour remplacer les wagons postaux en acier par ceux autrefois utilisés. Les vieilles voitures, qui deviennent ainsi une perte totale, répondaient pleinement aux normes de construction les plus avancées lors de leur construction et pouvaient continuer pendant longtemps à servir les objectifs du service, à l'exception de la demande du public pour des voitures plus robustes.

[B] Un mile-pied-voiture est une unité égale au déplacement d'un pied de longueur de voiture (indépendamment de la largeur ou de la hauteur) d'un mile. Ainsi , déplacer une voiture de soixante pieds de long sur un mile donne soixante pieds-voiture-miles ; déplacer la même voiture sur trois milles entraîne 180 milles-pieds-voiture, etc.

[C] Il se peut qu'il y ait une certaine redondance dans ce poste, mais son élimination nécessiterait un calcul complexe qui, compte tenu de la large marge entre les dépenses et les recettes, est totalement superflu. Les doubles emplois doivent être minimes par rapport à cette marge.

[D] Il s'agit de la somme qui a été répartie par le ministre des Postes en fonction de l'espace ferroviaire occupé. Il a estimé à 40 121 294,83 $ (document n° 105, page 280) le total des dépenses d'exploitation et des taxes des services de trains de voyageurs pour le mois. Sur ce total, 21 993,06 $ ont été imputés directement au courrier et 3 025 129,77 $ directement aux autres services de trains de voyageurs, laissant la somme indiquée dans le texte à répartir en fonction de l'espace.

[E] Document n° 105, p. 53.

[F] Ce total comprend 9 993,19 $ déclarés par quatre sociétés qui ont donné des totaux pour ces éléments, mais n'ont pas déclaré les éléments séparément.

[G] Les données indiquant certaines des augmentations de salaires et d'impôts sont présentées aux annexes D et E .

9 789358 812701